PAIDEIA
ÉDUCATION

MIXTE
Papier issu de sources responsables
Paper from responsible sources
FSC® C105338

MARCEL PROUST

Le Côté de Guermantes

Analyse littéraire

© Paideia éducation.

1 rue Honoré - 93500 Pantin.

ISBN 978-2-7593-0378-6

Dépôt légal : Novembre 2019

Impression Books on Demand GmbH

In de Tarpen 42

22848 Norderstedt, Allemagne

SOMMAIRE

- Biographie de Marcel Proust..................................... 9

- Présentation du *Côté de Guermantes*...................... 13

- Résumé du roman.. 17

- Les raisons du succès... 23

- Les thèmes principaux.. 27

- Étude du mouvement littéraire................................. 33

- Dans la même collection... 37

BIOGRAPHIE DE MARCEL PROUST

Marcel Proust, né le 10 juillet 1871 dans le quartier d'Auteuil à Paris, a marqué la littérature française et mondiale par son œuvre magistrale, *À la recherche du temps perdu*. Issu d'une famille aisée, son père Adrien était un médecin reconnu et sa mère Jeanne Weil provenait d'une famille juive aisée. Malgré une enfance marquée par des troubles respiratoires, Proust développe très tôt un vif intérêt pour la littérature et l'art, fréquentant les salons aristocratiques et se liant d'amitié avec de nombreux artistes et écrivains.

Sa scolarité au lycée Condorcet à Paris lui permet de tisser des amitiés importantes, notamment avec Robert Dreyfus et Daniel Halévy, et de s'initier à l'écriture. Après son service militaire en 1889-1890, il entreprend des études de droit et de science politique tout en se lançant dans le monde littéraire. En 1896, il publie *Les Plaisirs et les Jours*, un recueil de poèmes et de nouvelles. Durant cette période, il côtoie le tout-Paris et se lie notamment avec le compositeur Reynaldo Hahn, avec qui il entretient une relation.

Proust se fait également remarquer par son engagement en faveur d'Alfred Dreyfus, récoltant des signatures pour soutenir Émile Zola. Il traduit les œuvres de John Ruskin, ce qui l'amène à visiter Venise, une expérience marquante qui influencera son écriture. La mort de sa mère en 1905 et celle d'Adrien Proust deux ans plus tôt plongent Marcel dans une profonde tristesse, marquant un tournant dans sa vie et son œuvre.

En 1907, Proust commence la rédaction de *À la recherche du temps perdu*, publiant *Du côté de chez Swann* en 1913 à compte d'auteur. Cette publication lui apporte une reconnaissance critique, même si le succès n'est pas immédiat. L'obtention du prix Goncourt en 1919 pour *À l'ombre des jeunes filles en fleurs* consacre son talent. Les volumes suivants, publiés de son vivant et à titre posthume, achèveront de construire le monument littéraire que représente *À la recherche du temps perdu*, un témoignage sans pareil sur la société française du début du XXe siècle, explorant les thèmes de la mémoire, de l'amour, de l'art et de l'homosexualité.

Proust explore ouvertement l'homosexualité, thème révolutionnaire pour l'époque, notamment à travers les personnages de ses romans. Sa propre vie sentimentale reste complexe et discrète, marquée par ses relations avec des hommes, tout en maintenant des liens étroits avec plusieurs femmes de l'aristocratie parisienne qui inspireront certains des personnages de ses œuvres.

Malgré sa santé fragile, aggravée par son asthme, Marcel Proust poursuit son travail d'écriture avec acharnement, révisant incessamment ses textes. Son existence, rythmée par des nuits d'écriture et des journées passées au lit, ainsi que par des séjours fréquents dans des lieux de villégiature, reflète sa quête incessante de matériaux pour son œuvre.

Marcel Proust s'éteint le 18 novembre 1922, laissant derrière lui une œuvre incomplète mais monumentale, qui continue d'être étudiée et admirée dans le monde entier. Sa contribution à la littérature moderne est inestimable, faisant de lui l'un des plus grands écrivains du XXe siècle. Son héritage perdure, tant par la richesse de sa prose et la profondeur de ses analyses psychologiques que par son exploration novatrice de la mémoire et du temps.

PRÉSENTATION DU ROMAN

Le Côté de Guermantes, troisième volet de la série monumentale *À la recherche du temps perdu* de Marcel Proust, a été publié en 1921 chez Gallimard. Il s'inscrit comme une œuvre centrale dans l'épopée proustienne, explorant les thèmes de la mémoire, de l'identité, et de la quête du temps perdu à travers les intricacies du monde social de l'aristocratie française au début du XXe siècle. Ce tome, réparti en deux parties, plonge le lecteur au cœur des salons de la haute société, offrant une immersion dans le quotidien et les préoccupations de son narrateur, tout en entremêlant les fils d'un récit à la fois personnel et universel.

Dans *Le Côté de Guermantes*, le narrateur poursuit son exploration sociale et sentimentale, débutant par son installation dans un appartement de l'hôtel de Guermantes, où il se rapproche physiquement de la duchesse de Guermantes, objet de son admiration de longue date. Cette proximité géographique ouvre la porte à des observations aiguës sur les codes, les manières et les travers de la noblesse, offrant un aperçu sans précédent de l'intérieur d'un monde à la fois fascinant et décadent. À travers des rencontres fortuites et des invitations convoitées, le narrateur se fait l'ethnographe de son propre milieu, dévoilant les hypocrisies et les vanités de l'aristocratie tout en cherchant sa place au sein de cet univers.

Proust excelle dans la peinture de portraits psychologiques fins et nuancés, utilisant les interactions sociales de son narrateur pour explorer des thèmes plus larges tels que l'art, la littérature, et la nature fugace de la mémoire et du désir. Les discussions sur l'art avec Charles Swann, les réflexions sur la littérature et la philosophie, ainsi que les observations incisives sur les relations humaines, enrichissent le récit de couches de complexité et de profondeur, invitant le lecteur à une réflexion sur les thèmes éternels de l'amour, de la jalousie, et de la quête de sens.

Le texte se distingue par son approche singulière du temps et de la narration, où le passé et le présent s'entrelacent de manière fluide, créant une expérience de lecture où le temps semble se plier et se déployer au gré des souvenirs et des réflexions du narrateur. La fameuse technique du « temps retrouvé » est ici mise en œuvre de façon magistrale, avec des moments de réminiscence soudaine qui éclairent le passé d'une lumière nouvelle, révélant des vérités cachées et des connexions inattendues entre les personnages et les événements.

Au-delà des interactions sociales et des méditations intérieures, le récit est ponctué de descriptions minutieuses des lieux et des atmosphères, depuis les rues de Paris jusqu'aux salons feutrés de la noblesse. Ces descriptions, d'une précision quasi photographique, servent non seulement à ancrer l'action dans un cadre tangible, mais aussi à révéler l'état d'esprit du narrateur, pour qui chaque détail du monde extérieur peut être le déclencheur d'une exploration intérieure.

Le Côté de Guermantes est donc bien plus qu'une simple chronique mondaine ; c'est une œuvre d'une richesse thématique et stylistique remarquable, où chaque phrase semble chargée de multiples sens. La prose de Proust, célèbre pour ses phrases longues et complexes, demande une lecture attentive, mais offre en retour une expérience littéraire sans pareille, où la beauté du langage et la profondeur de la pensée se conjuguent pour créer un univers narratif d'une densité et d'une cohérence impressionnantes.

RÉSUMÉ DU ROMAN

Première partie

Chapitre 1

Le narrateur et sa famille prennent résidence dans un appartement de l'hôtel des Guermantes, marquant ainsi un rapprochement géographique avec le monde aristocratique qu'il admire tant. C'est dans ce contexte qu'il assiste, non sans une certaine désillusion, à une représentation de *Phèdre* par La Berma, actrice qu'il avait autrefois vénérée. Sa fascination se déplace alors vers la duchesse de Guermantes, dont il entreprend de croiser le chemin lors de promenades matinales, espérant s'attirer ses faveurs. Toutefois, son assiduité devient une source d'agacement pour la duchesse, altérant l'image idéalisée que le narrateur se faisait d'elle.

La scène change lorsque le narrateur se rend à Doncières, saisissant l'opportunité de renouer avec son ami Saint-Loup et d'aborder l'affaire Dreyfus, un sujet qui divise. Le retour à Paris est marqué par le déclin de la santé de sa grand-mère, événement qui assombrit son quotidien déjà troublé par l'accessibilité décroissante de Mme de Guermantes.

Au milieu de ces tumultes personnels, le narrateur se retrouve convié au salon de Mme de Villeparisis, où se croisent personnalités et connaissances, créant un microcosme de la société qu'il observe avec une acuité mêlée d'ironie. C'est là qu'il retrouve Saint-Loup, confronté aux caprices de sa maîtresse Rachel, une ancienne connaissance du narrateur, révélant les complexités des relations amoureuses et sociales.

Les tensions atteignent leur apogée lors d'une altercation entre Rachel et Saint-Loup, exposant les fragilités et les passions sous-jacentes de leur relation. Le salon chez Mme de Villeparisis se poursuit avec des interactions variées, dont une proposition surprenante de Charlus au narrateur, teintée de sous-entendus et d'antagonismes latents.

Ensuite, l'inquiétude du narrateur au sujet de sa grand-mère culmine lorsqu'un événement public met cruellement en lumière la vulnérabilité de la vieille dame. Lors d'une promenade avec son petit-fils, elle est frappée par une crise soudaine, un effondrement physique qui déchire le voile de déni dans lequel s'était enveloppée la famille. La scène se déroule sous les yeux de passants impuissants, soulignant la solitude et l'impuissance face à la maladie. Le narrateur, confronté à la détresse de sa grand-mère, réalise la brutalité de la condition humaine, où la souffrance et la finitude sont les seuls véritables égalisateurs.

Ce moment, loin de l'intimité et de la dignité du foyer, révèle non seulement la gravité de la maladie mais aussi l'isolement profond que ressent le narrateur. L'indifférence du monde extérieur, juxtaposée à la douleur personnelle et intime de voir un être aimé se débattre, force le narrateur à reconnaître la précarité de la vie et la certitude de la perte. La maladie de la grand-mère devient ainsi un symbole puissant de la fragilité humaine, rappelant au narrateur et aux lecteurs l'inéluctabilité de la fin et l'importance des liens qui nous unissent dans ce voyage éphémère qu'est la vie.

Deuxième partie

Chapitre 1

Suite au diagnostic alarmant de la grand-mère, la famille doit faire face à l'inévitable : la dégradation de son état de santé. Malgré les soins attentifs de Françoise, la grand-mère perd progressivement ses sens : la vue, l'ouïe, puis la parole, se murant dans une souffrance silencieuse qui échappe à la compréhension des siens. La morphine, administrée en désespoir de cause pour la soulager, s'avère inefficace. La grand-mère décède, laissant le narrateur stupéfait devant le rajeunissement posthume de son visage.

Chapitre 2

Parallèlement, la vie du narrateur continue dans une relative inaction, marquée par une déception littéraire et la rupture entre Saint-Loup et Rachel, soulignant une trame de trahisons et de malentendus. Saint-Loup part au Maroc, laissant derrière lui des accusations injustifiées envers le narrateur. Cependant, une réconciliation s'opère à travers les lettres, réintroduisant une dynamique d'amitié et de respect mutuel. Le narrateur, toujours fasciné par les intrications amoureuses, envisage un rendez-vous avec Mme de Stermaria, divorcée depuis peu, renouant avec ses aspirations romantiques et ses désirs fluctuants.

L'arrivée d'Albertine apporte un renouveau d'intérêt sentimental et érotique. Le narrateur, tiraillé entre l'indifférence feinte et le désir réel, se retrouve à nouveau en proie aux complexités de l'amour et du désir. Cette relation ambiguë est mise en contraste avec l'invitation chez Mme de Villeparisis, où l'aristocratie se dévoile dans toute sa superficialité et ses contradictions. La duchesse de Guermantes, objet de l'admiration passée du narrateur, se révèle sous un jour nouveau, dévoilant les caprices et l'arbitraire des relations sociales au sein de la haute société.

Le narrateur assiste ensuite à un dîner chez les Guermantes, nouvelle occasion de côtoyer l'élite parisienne et d'observer ses codes et ses pratiques. La réception est une fenêtre ouverte sur le monde de l'aristocratie, ses préoccupations futiles et ses jeux de pouvoir. L'expérience révèle les distances entre les imaginaires du narrateur et la réalité de ce milieu, souvent réduite à une série de déceptions et de désillusions.

Puis, le narrateur reçoit une invitation inattendue lors de la soirée : Charlus lui propose de le rejoindre chez lui. Dès son arrivée, le narrateur est accueilli par des comportements changeants de la part du baron, oscillant entre l'accueil chaleureux et la froide distance. Ces variations d'humeur laissent le narrateur confus quant aux intentions réelles de Charlus. La soirée prend une tournure encore plus surprenante lorsque Charlus fait une proposition énigmatique au narrateur, aller voir la lune au Bois de Boulogne.

Le tome se clôt sur le retour d'un personnage bien connu du narrateur et lié à la duchesse de Guermantes, Charles Swann, qui fait son apparition. Malade, son état de santé altéré est immédiatement visible, marquant un contraste poignant avec le cadre social et les préoccupations des autres personnages. Swann, malgré sa maladie, tente de participer à la vie sociale, mais son apparence physique et son énergie réduite rappellent la présence de thèmes plus sombres tels que la maladie et la mortalité, même au sein de ces interactions élégantes.

LES RAISONS
DU SUCCÈS

Le Côté de Guermantes de Marcel Proust, intégré à l'œuvre monumentale *À la recherche du temps perdu*, s'inscrit dans une période de profondes transformations sociales, politiques et culturelles au début du XXe siècle. Cette époque, marquée par l'avant et l'après Première Guerre mondiale, marque la fin d'un ancien monde, régi par les codes rigides de l'aristocratie, et qui se trouve confronté à l'émergence d'une nouvelle classe bourgeoise, armée par les progrès de l'industrialisation et les innovations technologiques. Cette transition n'est pas seulement économique ou sociale ; elle s'accompagne d'une transformation des valeurs, des aspirations et de la perception de soi au sein de la société.

Proust se saisit de cette période charnière pour interroger la permanence et l'éphémérité de l'existence humaine. À travers le prisme de la haute société parisienne, ses salons, ses rites et ses personnalités, il dresse le portrait d'un monde en fin de course, où les apparences et les intrigues mondaines cachent mal la quête de sens et la solitude des individus. Les rencontres, les conversations et les événements qui ponctuent le quotidien de cette élite offrent à Proust le matériau nécessaire pour explorer les thèmes de la mémoire, du temps qui passe et de l'identité en crise.

Le roman se distingue au niveau littéraire par son innovation formelle et stylistique. Proust révolutionne le roman traditionnel en imbriquant une narration profondément introspective avec une analyse psychologique complexe de ses personnages. Sa capacité à disséquer les strates les plus enfouies de la conscience individuelle, à travers le flux de la mémoire involontaire et les associations libres, offre une nouvelle manière de concevoir le récit et le temps. À une époque où le roman cherche à se renouveler face aux avancées de la psychanalyse et des théories sur l'inconscient, Proust propose une œuvre qui transcende les frontières du genre, marquant de son empreinte le passage à la modernité littéraire.

Enfin, l'atmosphère médiatique de l'époque joue un rôle non négligeable dans la réception de l'œuvre. La publication des différents tomes de *À la recherche du temps perdu* bénéficie d'une couverture médiatique croissante, grâce notamment à la reconnaissance littéraire que reçoit Proust, culminant avec l'attribution du prix Goncourt pour *À l'ombre des jeunes filles en fleurs*. L'intérêt des médias pour sa personnalité énigmatique, son appartenance au milieu aristocratique et sa participation au débat sur l'Affaire Dreyfus contribuent à créer une aura autour de son œuvre. Les critiques littéraires de l'époque, bien que parfois partagées, s'accordent à reconnaître la singularité de sa plume et la portée universelle de ses questionnements. Le succès du *Côté de Guermantes* et de l'ensemble de l'œuvre de Proust ne peut être dissocié de cette dynamique médiatique qui, en amplifiant sa voix, a permis à son exploration intemporelle de la condition humaine de résonner auprès d'un public toujours plus large.

LES THÈMES PRINCIPAUX

Marcel Proust dissèque les strates de la société parisienne en mettant en lumière les interactions et les tensions entre l'aristocratie déclinante et la bourgeoisie ascendante. À travers des personnages richement dessinés, il expose les dynamiques de pouvoir, les hiérarchies sociales, et les nuances de classe qui définissent l'époque.

Le personnage du duc et de la duchesse de Guermantes incarnent parfaitement l'aristocratie traditionnelle, avec leur raffinement, leur élégance, et leur sens inné de la supériorité héritée. Leur salon, un espace de convergence pour l'élite parisienne, sert de théâtre aux manœuvres sociales subtiles par lesquelles les membres de la haute société cherchent à maintenir leur statut. À l'opposé, le narrateur, bien qu'issu d'une famille bourgeoise aisée, est fasciné par le monde des Guermantes, illustrant le désir de la bourgeoisie d'accéder à l'aristocratie non seulement pour ses privilèges matériels mais aussi pour son prestige et son aura culturelle.

Proust dépeint avec acuité les efforts du narrateur pour s'introduire dans ce cercle exclusif, soulignant la quête d'acceptation sociale et le fossé entre les aspirations individuelles et la réalité rigide des structures de classe.

La description de soirées, chez la duchesse de Guermantes notamment, offre un aperçu de la mise en scène de la vie sociale, où chaque geste, chaque mot est chargé de signification, révélant les alliances, les rivalités et les ambitions cachées. Proust expose le snobisme, les commérages et les jugements hâtifs qui animent ces rencontres, mettant en évidence l'obsession de l'apparence et la fragilité des réputations.

À travers ces interactions et ces personnages, Proust explore non seulement les distinctions entre l'aristocratie et la bourgeoisie mais aussi les changements qui s'opèrent au sein de la société française. Le roman devient une étude de la condition humaine, où les aspirations sociales, les désirs et les déceptions des individus sont universellement reconnus.

Le thème du temps est très présent dans le roman : il sculpte et transforme les individus et les relations. Le temps est à la fois destructeur et révélateur, dévoilant les véritables natures, érodant les façades sociales et révélant les failles dans les constructions identitaires des personnages. Le narrateur observe les signes du temps sur ses connaissances et sa propre famille, notamment à travers la maladie et le vieillissement de sa grand-mère. Ces moments de prise de conscience marquent non seulement les passages inéluctables de la vie mais aussi les changements dans la perception que le narrateur a de lui-même et des autres.

Le temps est également présent dans le roman comme une réflexion sur l'éphémère et la permanence. Les salons de la haute société, les modes passagères, les lieux fréquentés par les personnages subissent tous les effets du temps, se transformant et déclinant, symbolisant la futilité des ambitions humaines face à l'inexorabilité du temps.

Le traitement du temps chez Proust est complètement intriqué avec celui de la mort, révélant l'impact profond que la disparition des êtres chers exerce sur la conscience des personnages. La mort n'est pas simplement un événement terminal mais un phénomène qui remodèle la perception du temps, de l'existence et des relations interpersonnelles.

L'un des moments les plus poignants du roman est la maladie et le décès de la grand-mère du narrateur. Ce passage n'est pas seulement une description de la détérioration physique mais aussi une exploration délicate et émouvante du processus de deuil. Le narrateur, confronté à la perte, traverse une période d'introspection profonde, où les souvenirs de sa grand-mère deviennent un moyen de la garder vivante dans sa mémoire. Cette expérience souligne la dualité du temps : à la fois destructeur implacable et conservateur de souvenirs précieux.

La manière dont Proust traite la mort et le deuil dans *Le Côté de Guermantes* enrichit la tapestrie narrative du roman, en ancrant les réflexions sur la mémoire et le temps dans l'expérience universelle de la perte. Ce faisant, il invite le lecteur à considérer la mort non pas seulement comme une fin mais comme un élément intégral de la vie, influençant profondément notre compréhension de nous-mêmes et de notre relation au monde.

ÉTUDE DU MOUVEMENT LITTÉRAIRE

Le Côté de Guermantes de Marcel Proust, intégré à son œuvre monumentale *À la recherche du temps perdu*, s'inscrit dans le mouvement littéraire du modernisme, caractérisé par une exploration profonde de la conscience individuelle et une remise en question des formes et structures traditionnelles du récit. Cette époque littéraire, florissante au début du XXe siècle, se distingue par sa volonté d'innovation et sa rupture avec les conventions classiques pour mieux capturer l'essence de l'expérience humaine dans un monde en rapide mutation.

Le modernisme, marqué par des bouleversements sociaux, politiques et technologiques, se caractérise par une expérimentation formelle, une focalisation sur la subjectivité et une fragmentation narrative. Des auteurs modernistes, tels que Virginia Woolf, James Joyce, ou T.S. Eliot, cherchent à traduire la complexité de la pensée humaine et la fluidité du temps et de la mémoire. Par exemple, l'usage du monologue intérieur dans *Mrs. Dalloway* de Woolf ou la structure éparse de *Ulysses* de Joyce démontre cet effort pour saisir la fluidité de la pensée et la multiplicité des perspectives.

Dans *Le Côté de Guermantes*, Proust emploie une narration immersive et détaillée pour plonger dans les méandres de la conscience de son narrateur. Il utilise le flux de conscience pour retranscrire les pensées, souvenirs, et perceptions avec une précision minutieuse, permettant au lecteur de naviguer dans l'esprit du narrateur avec une intimité rare. Cette technique, révolutionnaire à l'époque, reflète l'influence du modernisme sur Proust et sa quête pour capturer la vérité subjective de l'expérience humaine.

Proust explore également le thème de la mémoire involontaire, central dans le modernisme, où des sensations fugaces peuvent déclencher un flot de souvenirs et d'émotions, révélant la nature non linéaire du temps et de la mémoire. Cette exploration approfondie de la temporalité et de l'expérience subjective s'inscrit parfaitement dans le mouvement moderniste, qui valorise l'exploration intérieure et la représentation de la complexité de la condition humaine.

De plus, *Le Côté de Guermantes* critique la société et les conventions sociales de son époque, un trait caractéristique du modernisme. Proust dépeint avec acuité l'aristocratie parisienne, révélant les hypocrisies et les absurdités des interactions sociales au sein de ce milieu. Cette critique sociale, imbriquée dans une analyse psychologique profonde, illustre la capacité du modernisme à fusionner l'introspection individuelle avec une observation aiguisée de la société.

DANS LA MÊME COLLECTION
(par ordre alphabétique)

- **Anonyme**, *La Farce de Maître Pathelin*
- **Anouilh**, *Antigone*
- **Aragon**, *Aurélien*
- **Aragon**, *Le Paysan de Paris*
- **Austen**, *Raison et Sentiments*
- **Balzac**, *Illusions perdues*
- **Balzac**, *La Femme de trente ans*
- **Balzac**, *Le Colonel Chabert*
- **Balzac**, *Le Lys dans la vallée*
- **Balzac**, *Le Père Goriot*
- **Barbey d'Aurevilly**, *L'Ensorcelée*
- **Barbey d'Aurevilly**, *Les Diaboliques*
- **Bataille**, *Ma mère*
- **Baudelaire**, *Les Fleurs du Mal*
- **Baudelaire**, *Petits poèmes en prose*
- **Beaumarchais**, *Le Barbier de Séville*
- **Beaumarchais**, *Le Mariage de Figaro*
- **Beauvoir**, *Mémoires d'une jeune fille rangée*
- **Beckett**, *Fin de partie*
- **Brecht**, *La Noce*
- **Brecht**, *La Résistible ascension d'Arturo Ui*
- **Brecht**, *Mère Courage et ses enfants*
- **Breton**, *Nadja*
- **Brontë**, *Jane Eyre*
- **Camus**, *L'Étranger*
- **Camus**, *Le Mythe de Sisyphe*
- **Carroll**, *Alice au pays des merveilles*
- **Céline**, *Mort à crédit*

- **Céline**, *Voyage au bout de la nuit*
- **Chateaubriand**, *Atala*
- **Chateaubriand**, *René*
- **Chrétien de Troyes**, *Perceval*
- **Cocteau**, *Les Enfants terribles*
- **Colette**, *Le Blé en herbe*
- **Corneille**, *Le Cid*
- **Crébillon fils**, *Les Égarements du cœur et de l'esprit*
- **Defoe**, *Robinson Crusoé*
- **Dickens**, *Oliver Twist*
- **Du Bellay**, *Les Regrets*
- **Dumas**, *Henri III et sa cour*
- **Duras**, *L'Amant*
- **Duras**, *La Pluie d'été*
- **Duras**, *Un barrage contre le Pacifique*
- **Flaubert**, *Bouvard et Pécuchet*
- **Flaubert**, *L'Éducation sentimentale*
- **Flaubert**, *Madame Bovary*
- **Flaubert**, *Salammbô*
- **Gary**, *La Vie devant soi*
- **Giraudoux**, *Électre*
- **Giraudoux**, *La Guerre de Troie n'aura pas lieu*
- **Gogol**, *Le Mariage*
- **Homère**, *L'Odyssée*
- **Hugo**, *Hernani*
- **Hugo**, *Les Misérables*
- **Hugo**, *Notre-Dame de Paris*
- **Huxley**, *Le Meilleur des mondes*
- **Jaccottet**, *À la lumière d'hiver*
- **James**, *Une vie à Londres*
- **Jarry**, *Ubu roi*
- **Kafka**, *La Métamorphose*
- **Kerouac**, *Sur la route*

- **Kessel**, *Le Lion*
- **La Fayette**, *La Princesse de Clèves*
- **Le Clézio**, *Mondo et autres histoires*
- **Levi**, *Si c'est un homme*
- **London**, *Croc-Blanc*
- **London**, *L'Appel de la forêt*
- **Maupassant**, *Boule de suif*
- **Maupassant**, *La Maison Tellier*
- **Maupassant**, *Le Horla*
- **Maupassant**, *Une vie*
- **Molière**, *Amphitryon*
- **Molière**, *Dom Juan*
- **Molière**, *L'Avare*
- **Molière**, *Le Malade imaginaire*
- **Molière**, *Le Tartuffe*
- **Molière**, *Les Fourberies de Scapin*
- **Musset**, *Les Caprices de Marianne*
- **Musset**, *Lorenzaccio*
- **Musset**, *On ne badine pas avec l'amour*
- **Perec**, *La Disparition*
- **Perec**, *Les Choses*
- **Perrault**, *Contes*
- **Prévert**, *Paroles*
- **Prévost**, *Manon Lescaut*
- **Proust**, *À l'ombre des jeunes filles en fleurs*
- **Proust**, *Albertine disparue*
- **Proust**, *Du côté de chez Swann*
- **Proust**, *Le Côté de Guermantes*
- **Proust**, *Le Temps retrouvé*
- **Proust**, *Sodome et Gomorrhe*
- **Proust**, *Un amour de Swann*
- **Queneau**, *Exercices de style*
- **Quignard**, *Tous les matins du monde*

- **Rabelais**, *Gargantua*
- **Rabelais**, *Pantagruel*
- **Racine**, *Andromaque*
- **Racine**, *Bérénice*
- **Racine**, *Britannicus*
- **Racine**, *Phèdre*
- **Renard**, *Poil de carotte*
- **Rimbaud**, *Une saison en enfer*
- **Sagan**, *Bonjour tristesse*
- **Saint-Exupéry**, *Le Petit Prince*
- **Sarraute**, *Enfance*
- **Sarraute**, *Tropismes*
- **Sartre**, *Huis clos*
- **Sartre**, *La Nausée*
- **Senghor**, *La Belle histoire de Leuk-le-lièvre*
- **Shakespeare**, *Roméo et Juliette*
- **Steinbeck**, *Les Raisins de la colère*
- **Stendhal**, *La Chartreuse de Parme*
- **Stendhal**, *Le Rouge et le Noir*
- **Verlaine**, *Romances sans paroles*
- **Verne**, *Une ville flottante*
- **Verne**, *Voyage au centre de la Terre*
- **Vian**, *J'irai cracher sur vos tombes*
- **Vian**, *L'Arrache-cœur*
- **Vian**, *L'Écume des jours*
- **Voltaire**, *Candide*
- **Voltaire**, *Micromégas*
- **Zola**, *Au Bonheur des Dames*
- **Zola**, *Germinal*
- **Zola**, *L'Argent*
- **Zola**, *L'Assommoir*
- **Zola**, *La Bête humaine*
- **Zola**, *Nana*